Anne-Marie Vincent

Arthur en danger

Ernst Klett Schulbuchverlag
Stuttgart Düsseldorf Berlin Leipzig

Arthur en danger

von Anne-Marie Vincent, Kerpen

Inhalt

Vorwort 3
Scène 1 4
Scène 2 4
Scène 3 6
Scène 4 7
Scène 5 8
Scène 6 10
Scène 7 11
Scène 8 12
Scène 9 13
Scène 10 14
Scène 11 15
Scène 12 16
Scène 13 18
Scène 14 19
Questions de compréhension 21

1. Auflage   1 5 4 3 2 1 | 2000 99 98 97 96

Alle Drucke dieser Auflage können im Unterricht nebeneinander benutzt werden, sie sind untereinander unverändert. Die letzte Zahl bezeichnet das Jahr dieses Druckes.
© Ernst Klett Schulbuchverlag GmbH, Stuttgart 1996.

Redaktion: Christa Meier, Ulm.

Alle Rechte vorbehalten.
Umschlagbild: Gilles Bonotaux, Paris.
Druck: Wilhelm Röck, Weinsberg
Printed in Germany.
ISBN 3-12-591770-0

Liebe Schülerinnen und Schüler!

Nachdem Ihr nun ein Jahr lang Französisch gelernt habt (z.B. mit dem Lehrwerk *Découvertes*), bietet Euch diese kleine Lektüre die Gelegenheit, einen französischen Text selbständig zu lesen. Das wird Euch bestimmt Spaß machen.

Ihr werdet Euch sicherlich freuen, schon auf den ersten Seiten Nathalie, Julien und ihre Freunde und vor allen Dingen unseren Helden Arthur wiederzufinden. Auch die Euch bekannten Schauplätze wie z. B. *La rue Daguerre, la dalle de la tour Montparnasse* und *Paris avec tous ses monuments* finden in dieser Geschichte ihren Platz.

Doch bringt die Handlung dieser kleinen Kriminalgeschichte auch völlig neue Situationen und sorgt für Spannung.

Zum leichteren Verständnis der Lektüre werden größtenteils Euer gelerntes Vokabular und die grammatischen Formen, die Ihr schon beherrscht, wiederholt.

Zweckmäßig ist es aber auch, einige wenige Vokabeln einzuführen, damit Ihr Euren Wortschatz in der Fremdsprache allmählich erweitert. Dieser neue Wortschatz gehört zum Teil zu der sogenannten *langue parlée*, der Umgangssprache der Jugendlichen in Frankreich. Ihr werdet bestimmt feststellen, daß die umgangssprachlichen Ausdrücke interessant sind, und werdet sie Euch schnell einprägen.

Wenn Ihr dann einmal französische Jugendliche trefft und diese Ausdrücke anwendet, seid Ihr sicher schnell auf derselben Wellenlänge!

Viel Spaß bei der Lektüre von *Arthur en danger*!

Scène 1

Dans la chambre de Julie Lacroix. On est mercredi, il est trois heures. Julie et sa copine Nathalie écoutent de la musique techno ensemble.

NATHALIE Hé, Julie ! Il n'est pas super, ce CD !
JULIE Tu as raison ! C'est franchement nul ! J'ai une idée ! On va sur la dalle de la tour Montparnasse ?
NATHALIE Oh, oui. Chouette ! On va regarder les garçons, ils font du patin à roulettes.

Scène 2

Dix minutes après, les filles arrivent devant la tour Montparnasse. Les garçons font une démonstration de slalom. Quel look d'enfer avec leurs casques et leurs patins ! Julien est là aussi.

NATHALIE C'est la classe ! Julien est formidable … Bravo !
JULIE Bof, moi, je ne le trouve pas si terrible.
NATHALIE Hé ! Dis donc toi ! Tu voudrais bien qu'il te drague, mais c'est moi qu'il aime ! Oh, là, là ! Attention, Julien !

---

3 **la musique techno** Techno-Musik – 5 **tu as raison** du hast recht 5 **c'est franchement nul** (ugs.) Das ist voll blöd – 14 **c'est la classe!** Das ist klasse/super! – 14 **formidable** großartig, toll – 16 **terrible** *hier:* toll

Julien rate son virage et boum, c'est le choc, le voilà par terre, juste devant les filles. Julie rigole, mais le pauvre Julien, allongé sur la place, a très mal à la jambe droite. La bande de copains se précipite... Ahmed arrive aussi.

AHMED	Alors, le champion ! Qu'est-ce que tu fais par terre ?
JULIEN	Vous rigolez, mais c'est pas drôle du tout. J'ai très mal. Aïe ! Aïe ! Aïe !
NATHALIE	Attends, je vais t'aider.

Mais rien à faire, il ne peut pas se relever.

YASMINA	Toi, Nathalie, reste là, moi, je vais à la cabine téléphonique. J'appelle une ambulance. Mince ! J'ai pas de carte.
LUC	Tiens, voilà. Fais vite !

Luc donne sa carte à Yasmina et elle se précipite à la cabine. Peu de temps après, l'ambulance est là.
Deux infirmiers descendent et portent Julien dans l'ambulance. Très triste, Julien quitte ses amis pour l'hôpital. Nathalie fait la bise à son copain et va vite téléphoner aux Rigot.

---

1 **par terre** auf dem Boden – 2 **juste** *hier:* genau – 3 **allongé,e** ausgestreckt – 4 **se précipiter** herbeistürzen – 10 **se relever** aufstehen – 12 **une cabine téléphonique** Telefonzelle – 12 **une ambulance** Krankenwagen – 18 **triste** traurig

Scène 3

Il est trois heures et demie. A la maison, 10, rue Daguerre, le téléphone sonne.

Mme Rigot Allô, oui. J'écoute … Ah, c'est toi, Nathalie ! Quoi ! Julien … à l'hôpital ! … Un accident ! Non, ce n'est pas vrai. J'arrive ! A l'Hôtel-Dieu ! D'accord. Merci.

Affolée, Mme Rigot prend son sac et cherche ses clés. Arthur, le perroquet, est aussi dans la salle de séjour. Il comprend qu'il se passe quelque chose d'anormal.

Arthur Ça va ? Ça va ?
Mme Rigot Non, ça ne va pas. Julien est à l'hôpital. Un accident ! Tu comprends ? Un accident avec les patins à roulettes !
Arthur Julien … hôpital ?
Mme Rigot Oui, Julien est à l'hôpital. Et moi, je ne trouve pas mes clés de voiture. Toi, tu sais où sont mes clés ?
Arthur Carton, … carton !
Mme Rigot Mes clés dans le carton ?
C'est toi, Arthur, quel idiot ! Ouf, les voilà ! Bon, maintenant, je vais vite à l'hôpital. Au revoir, Arthur.

---

4 **un accident** Unfall – 5 **Hôtel-Dieu** *Name eines Krankenhauses in Paris* – 7 **affolé,e** aufgeregt – 7 **une clé** Schlüssel – 9 **il se passe quelque chose d'anormal** es passiert etwas Ungewöhnliches

Scène 4

Quatre heures sonnent. Mme Rigot arrive à l'hôpital.
Elle descend de voiture et se précipite à la réception.

Mme Rigot	Julien Rigot, s'il vous plaît ?
La dame	Allez au service des urgences. Il est encore à la radio. Vous allez tout droit et c'est la troisième porte à gauche.

Mme Rigot va au service des radios, frappe à la porte et entre.

Mme Rigot	Pardon, madame. Je suis la mère de Julien Rigot.
L'infirmière	Ah, vous êtes la maman de Julien ! Voilà sa radio, il a la jambe cassée. On va lui faire un plâtre. Mais ne vous inquiétez pas. Ce n'est pas trop grave. Vous pouvez entrer, il est là.

Mme Rigot entre. Une infirmière fait le plâtre de Julien.

Mme Rigot	Oh, mon pauvre Julien ! Comment tu vas ? Tu n'as pas trop mal ?
Julien	Mais non, maman ! Pas de panique, c'est rien.
Mme Rigot	Tu vois, le patin à roulettes, c'est trop dangereux. Je te le dis toujours.

---

4 **le service des urgences** Unfallstation (im Krankenhaus) – 5 **à la radio** *hier:* beim Röntgen – 12 **cassé,e** gebrochen – 13 **s'inquiéter** sich Sorgen machen – 14 **grave** schlimm, ernst – 18 **pas de panique** keine Panik

JULIEN	Ne crie pas, je ne vais pas recommencer !
MME RIGOT	Il y a toujours des problèmes ! Bon enfin. N'en parlons plus. Tu n'as pas trop mal et c'est le principal. Maintenant avec la jambe dans le plâtre, tu vas rester deux ou trois semaines à la maison !
JULIEN	A propos, maman … je ne peux pas rentrer avec toi à la maison aujourd'hui. Je vais passer une nuit ici, je pense. Mais toi, demande au docteur !
MME RIGOT	Quelle histoire ! D'abord, je parle au docteur et puis je téléphone à ton père.
JULIEN	D'accord. Tu reviens tout de suite après ?
MME RIGOT	Non, je passe d'abord à la maison pour prendre ton sac. Arthur va être content d'avoir de tes nouvelles. A tout à l'heure, mon chéri.

Scène 5

10, rue Daguerre. Il est déjà cinq heures ! Arthur vole de la cuisine à la salle de séjour, puis de la salle de séjour à la salle de bains. Enfin, il arrive dans la chambre de son ami. Hélas ! Julien n'est toujours pas là. Alors le perroquet se pose à côté de l'ordinateur. Triste, il attend et répète sans arrêt les mots de Mme Rigot :

ARTHUR Julien … hôpital, Julien … hôpital, Julien …

---

4 **le principal** die Hauptsache – 9 **une nuit** Nacht – 10 **un docteur** Arzt – 13 **tout de suite** sofort – 16 **à tout à l'heure** bis nachher – 18 **voler** *hier:* fliegen – 21 **Hélas!** Oh je!

Tiens ... un bruit à la porte ! C'est peut-être Julien. Non. C'est M. Rigot.

M. RIGOT   Alors, Arthur, ça va ?
ARTHUR   Julien ... hôpital, Julien ... hôpital.
M. RIGOT   Qu'est-ce que tu racontes ? Julien ...à l'hôpital !
ARTHUR   Julien ... accident ... hôpital !
M. RIGOT   Quoi, Julien est à l'hôpital ! C'est vrai, Arthur ? Tu es sûr ? Mais où est Catherine ? Elle n'est pas là non plus ! Bizarre...

Tout à coup, on sonne. M. Rigot ouvre la porte. C'est Nathalie. Elle pose son sac à l'entrée et va dans la salle de séjour.

NATHALIE   Bonjour, Monsieur. Vous avez des nouvelles de Julien ?
M. RIGOT   Des nouvelles ? Non. Qu'est-ce qu'il y a ?
NATHALIE   Julien est à l'hôpital.
M. RIGOT   A l'hôpital ! Mais qu'est-ce qu'il a ? C'est grave ?
NATHALIE   Je ne sais pas. Julien vient de tomber sur la dalle de la tour Montparnasse. Et impossible de se relever !
M. RIGOT   Ah oui, je vois. A la tour Montparnasse ! Le patin à roulettes, toujours le patin à roulettes ... Des problèmes sans arrêt ! Tu sais dans quel hôpital il est ?

---

1 **un bruit** Geräusch – 1 **peut-être** vielleicht – 8 **quoi** was! – 12 **l'entrée** hier: Flur – 20 **venir de tomber** gerade gefallen sein

NATHALIE	Oui, à l'Hôtel-Dieu.
M. RIGOT	La voiture est juste devant la porte. Je vais téléphoner et on y va.
NATHALIE	Oh, merci beaucoup. Mais je ne peux pas, maintenant. Je fais d'abord une course pour ma mère, puis je vais prendre le bus pour la Concorde après.
ARTHUR	Et moi, … et moi … ?
M. RIGOT	Toi, tu restes à la maison. On a assez de problèmes comme ça !

Nathalie dit au revoir. Elle prend son sac dans l'entrée et s'en va.

Scène 6

Six heures. Nathalie est dans la rue Daguerre. Elle va faire une course pour sa mère. Elle entre à l'épicerie de M. Saïd.

NATHALIE	Bonjour, M. Saïd.
M. SAID	Bonjour. Tu désires, Nathalie ?
NATHALIE	Je voudrais deux citrons pour maman, euh … je prends aussi une tablette de chocolat et une jolie sucette pour Julien.
M. SAID	Tiens, tiens … pour Julien … Voilà. Et avec ça ?
NATHALIE	Merci. C'est tout.
M. SAID	Ça fait 15 F, Nathalie.

---

3 **on y va?** Gehen wir? – 10 **comme ça** auch so – 12 **s'en aller** weggehen

Nathalie ouvre son sac et cherche son porte-monnaie. Quelle peur ! Elle crie tout à coup.

M. Saïd	Qu'est-ce qu'il y a, Nathalie ? Ça ne va pas ?
Nathalie	Mais regardez, c'est Arthur ! Ça alors ! Qu'est-ce que tu fais là ? Tu es bête ou quoi !
Arthur	Julien … Julien … hôpital!
Nathalie	Ah, tu veux aller à l'hôpital ! Tu veux voir Julien ! Quelle idée ! Bon, enfin, allons-y ! Mais qu'est-ce que M. Rigot va dire ? Bon, au revoir, M. Saïd.
M. Saïd	Au revoir, Nathalie.

Ils quittent l'épicerie. Arthur, très content, se pose sur l'épaule de Nathalie. Cinq minutes après, ils arrivent à l'arrêt du bus.

Nathalie	Voilà, on attend là. Notre bus va bientôt arriver.
Arthur	Bus … bus … hôpital.
Nathalie	Oui, oui. Reste bien là sur mon épaule et ne bouge pas. Ah, voilà le bus. On monte.

Scène 7

Le voyage en bus commence.

Nathalie	Allez, on va se mettre là, à côté de la fenêtre.

1 **un porte-monnaie** Portemonnaie, Geldbörse – 13 **une épaule** Schulter – 14 **un arrêt** *hier:* Haltestelle – 19 **bouger** sich bewegen – 20 **un voyage** Reise, Fahrt– 22 **une fenêtre** Fenster

ARTHUR	Oh, regarde, Nathalie, tour ... tour ... Montparnasse !
NATHALIE	Oui, c'est la tour Montparnasse ! Mais regarde, là-bas à gauche, la tour Eiffel, le monument le plus connu de Paris !
ARTHUR	Tour ... Eiffel, tour ... Eiffel !
NATHALIE	Devant nous, l'Hôtel des Invalides, la Seine. Nous allons bientôt arriver place de la Concorde. On va descendre là. Tu vas voir la fontaine, l'Obélisque ...
ARTHUR	Obélix ... Obélix !
NATHALIE	Mais non, tu es bête ! C'est l'Obé*lisque* de la Concorde. Reste bien là sur mon épaule. Nous descendons. Oh là là ! Quelle circulation ! Toutes ces voitures, c'est terrible !
ARTHUR	Voitures ... voitures ...
NATHALIE	Viens vite, nous passons par le Jardin des Tuileries.

Scène 8

Il est déjà sept heures.
Nathalie traverse vite le jardin des Tuileries. Arthur est d'abord sur son épaule, puis il vole un peu. Il se pose par terre, à côté des pigeons, mais tout à coup un chien arrive et tous les oiseaux s'envolent. Arthur aussi !

NATHALIE Arthur ! ... Arthur ! Reviens tout de suite !

4 **là-bas** dort unten – 10 **une fontaine** Brunnen – 14 **la circulation** Verkehr – 15 **tous, toutes** alle – 17 **le jardin des Tuileries** *Park in Paris* – 22 **un pigeon** Taube – 23 **un oiseau** Vogel – 23 **s'envoler** wegfliegen – 24 **revenir** zurückkommen –

Mais le perroquet n'entend rien, il vole déjà très haut dans le ciel de Paris. Il passe au-dessus d'un grand bâtiment avec une pyramide de verre. C'est le Louvre ! Voilà Notre-Dame. Fantastique !
5 *Mais comment aller à l'hôpital ? Où est Nathalie ? Tout à coup, Arthur entend des cris de perroquets. Très content, il vole vite dans cette direction. Quelques minutes après, il est déjà au jardin des Plantes.*

Scène 9

Quelle fête on lui fait ! Au jardin des Plantes, tous les
10 *perroquets crient.*

LES PERROQUETS Salut … Bienvenue au jardin des Plantes !
    ARTHUR Salut, les copains !
UN PERROQUET Mais qu'est-ce que tu fais là, à cette heure-là ?
    ARTHUR Julien … hôpital, Julien … hôpital !
15 UN AUTRE PERROQUET Julien ? … Qui est-ce ? Un copain ?
                     Mais il est déjà tard. Passe la nuit ici, demain tu peux aller à l'hôpital.
    ARTHUR D'accord. Demain, alors.
UN PERROQUET Hé, les copains ! Regardez là-bas ! L'homme
20   avec le carton ! C'est bizarre, il se cache derrière un arbre !
    ARTHUR Bizarre, bizarre ! … Carton ?
LES PERROQUETS Attention ! L'homme est dangereux ! Vite, sauvons-nous!

---

1 **haut,e** hoch – 2 **le ciel** Himmel – 2 **au-dessus** oberhalb – 6 **un cri** Schrei – 7 **quelques** einige – 8 **le jardin des Plantes** *Botanischer Garten in Paris* – 9 **lui** ihm, ihr – 20 **se cacher** sich verstecken – 24 **se sauver** *hier:* fliehen –

L'homme arrive au milieu des perroquets. Quelle panique ! Les oiseaux s'envolent à grand bruit. Arthur attend un peu. Trop tard ! L'homme saisit le pauvre perroquet et disparaît. Arthur est en danger !

Scène 10

Le soir, rue Daguerre. La famille Rigot est aux cent coups. Où est Arthur ?

M. RIGOT   Aucune trace d'Arthur ! C'est bien le jour ! Qu'est-ce qu'on va dire à Julien ?
MME RIGOT   Quelle histoire ! Moi, je regarde encore dans la maison. Toi, demande aux voisins ou téléphone à la police ! Fais quelque chose !

M. Rigot va vite à l'épicerie de M. Saïd. Mais c'est fermé. Que faire ? Il frappe à la porte.

M. SAID *(à la fenêtre)*   Ah, c'est vous, M. Rigot ! Vous cherchez Arthur ? Il est avec Nathalie. C'est un malin, vous savez !
M. RIGOT   Ça alors ! Je ne comprends pas. Je peux téléphoner chez les Noblet, s'il vous plaît ?
M. SAID   Tenez, le téléphone est là. Entrez.

---

1 **au milieu** mitten in – 3 **saisir** packen, greifen – 4 **disparaître** verschwinden – 4 **en danger** in Gefahr – 5 **être aux cent coups** *(ugs)* nicht ein noch aus wissen – 7 **aucune trace** keine Spur – 7 **C'est bien le jour!** ausgerechnet heute! – 12 **fermé,e** geschlossen – 16 **un malin** Pfiffikus – 19 **tenez** hier, bitte –

M. Rigot *(au téléphone)* Monsieur Noblet ... Bonsoir. Ici, M. Rigot. Arthur, notre perroquet, n'est plus là, nous le cherchons. M. Saïd de l'épicerie, rue Daguerre, me dit qu'il est avec Nathalie, votre fille ...

M. Noblet Avec Nathalie ? Mais Nathalie n'est pas encore à la maison ! Nous sommes aussi très inquiets. Je vais appeler la police. L'inspecteur, M. Lacroix, le père de Julie, est peut-être encore au commissariat.

Scène 11

Pendant ce temps-là, Nathalie est encore au jardin des Tuileries. Affolée, elle court à une cabine téléphonique.

Nathalie Allô, c'est toi, Julie ! Ici, Nathalie. Ecoute, je suis au jardin des Tuileries et Arthur vient de s'envoler !

Julie Quoi, Arthur ? Qu'est-ce que tu racontes ?

Nathalie Oui, Arthur, le perroquet de Julien. Je ne sais pas quoi faire ! Tu as une idée ? Aide-moi !

Julie Bon, d'abord, j'appelle les copains, Luc, Ahmed et Yasmina. Attends-nous à la Pyramide de verre.

Nathalie D'accord, mais dis-le aussi à ton père, s'il te plaît. Je dois retrouver Arthur, à tout prix !

---

8 **inquiet,-iète** beunruhigt – 10 **un commissariat** Kommissariat – 11 **pendant** während – 12 **courir** laufen – 24 **je dois retrouver** ich muß .. wiederfinden – 24 **à tout prix** unbedingt, um jeden Preis –

>
> JULIE Oui, je téléphone vite à mon père, au commissariat.

A huit heures, les quatre copains de Nathalie arrivent devant la Pyramide. Yasmina organise les recherches.

YASMINA Ecoutez, on va faire deux groupes. Julie, Nathalie et Luc, vous retournez au jardin des Tuileries. Ahmed et moi, nous allons sur les quais de la Seine.
JULIE Oh, j'ai une idée … Vous, Yasmina et Ahmed, allez jusqu'au jardin des Plantes !
YASMINA Jusqu'au jardin des Plantes !
JULIE Oui, oui. J'ai mon idée ! Arthur est peut-être en danger. Allez vite !
YASMINA Bon, d'accord. Mais on prend le métro. Rendez-vous tous au jardin des Plantes. Devant les grilles.

Scène 12

Les jeunes sont à la recherche d'Arthur.
Les deux filles, Julie et Nathalie, sont dans le premier groupe avec Luc. Tous les trois retournent vite au jardin des Tuileries. Ils regardent alors dans tous les arbres, mais ils ne voient pas de perroquet. Tristes, ils prennent le chemin du jardin des Plantes.
Entre-temps, Yasmina et Ahmed arrivent devant le jardin des Plantes. Mince alors, c'est fermé !

---

4 **une recherche** Suche – 6 **retourner** zurückkehren – 8 **un quai** *hier:* Ufer, Kai – 16 **une grille** Gitter –

	AHMED	Personne ! Vite escaladons les grilles.
	YASMINA	Aide-moi, c'est trop haut !
	AHMED	Allez, monte là. Après tu poses ton pied là, à gauche et hop, tu passes la jambe …
5	YASMINA	Ouf, enfin, voilà !

Ahmed, très sportif, escalade vite les grilles. Les deux amis traversent le jardin des Plantes, ils regardent dans les arbres, mais Arthur n'est pas là non plus !

10	YASMINA	Je ne vois pas Arthur et maintenant il fait déjà nuit. On rentre !
	AHMED	Attends, on va encore aller vers les oiseaux, ce n'est pas loin !
15	YASMINA	D'accord, mais après, on rentre. Demain, on va continuer. On ne voit plus rien, maintenant.

Les deux amis vont vers les oiseaux. Mais là, tout est calme.

	YASMINA	Hé, Ahmed ! Regarde là-bas ! Des lampes électriques ! Cachons-nous !
25	AHMED	Là ! Vite, derrière les arbres !

---

1 **personne** keine,r – 1 **escalader** hinüberklettern – 4 **passer** *hier:* hinüberheben – 10 **il fait déjà nuit** es ist schon dunkel – 11 **vers** *hier:* zu – 14 **continuer** weitermachen – 17 **calme** ruhig – 18 **une lampe électrique** Taschenlampe

Scène 13

Déjà neuf heures. Nathalie, Julie et Luc sont maintenant devant le jardin des Plantes.

Luc	Tiens, une voiture de police !
Nathalie	Ton père, Julie !
Julie	Mais papa, qu'est-ce que tu fais là ? Ah, je comprends ! Le voleur de perroquets !
M. Lacroix, inspecteur de police	C'est ça, nous l'avons ! Il est déjà au commissariat. Mais on vient de prendre encore deux complices ! ... Et vous, qu'est-ce que vous faites là, si tard ? Mais ... c'est Nathalie ! Tu sais, Nathalie, ton père te cherche ! Il est très inquiet !
Julie	Deux complices ! ...

Justement le gardien et les agents de police arrivent avec deux jeunes.

M. Lacroix	Eh bien, vous deux ! On vous y prend !
Yasmina	Mais ... monsieur ...
M. Lacroix	Pas d'histoires ! Allez, en voiture ! Au commissariat !
Julie	Attends, papa ! Je t'explique ! Ce sont des copains !
M. Lacroix	Des copains ! Voleurs de perroquets !
Julie	Non, mais ça va pas la tête ! Tu sais bien que

---

9 **un complice** Komplize, Mitschuldiger – 14 **justement** gerade, eben – 14 **un gardien** Wächter, Aufseher – 16 **On vous y prend!** Wir haben Euch! – 23 **Ça va pas la tête!** Spinnst Du?

	nous cherchons Arthur, le perroquet de Julien Rigot. C'est Yasmina et Ahmed Saïd de l'épicerie !
M. LACROIX	Eh bien, vous deux ! Vous êtes les copains de ma fille, c'est peut-être vrai ! Mais à neuf heures, le jardin des Plantes est fermé et c'est interdit d'entrer à cette heure-là !
YASMINA	Mais monsieur …
M. LACROIX	Mademoiselle, on ne discute pas ! Allez, tout le monde au poste ! J'ai une surprise pour vous !

Scène 14

Au commissariat. Les voilà tous dans le bureau de l'inspecteur. Un agent arrive avec un carton.

L'AGENT	Ah, monsieur l'inspecteur, vous voilà enfin ! Dites donc, j'ai un problème. Qu'est-ce que je fais de cet oiseau ? Depuis une heure, il nous casse les oreilles ! Il répète sans arrêt : « Julien … hôpital, Julien … hôpital ! »
NATHALIE	Quoi ? Mais c'est Arthur ! C'est génial ! Vous êtes formidable, monsieur l'inspecteur ! Merci mille fois.

Nathalie va vite ouvrir le carton.

---

7 **interdit** verboten – 10 **un poste** *hier:* Revier – 12 **un bureau** Büro – 17 **il nous casse les oreilles** er schreit uns die Ohren voll – 20 **génial** genial, toll – 22 **mille** tausend

Nathalie	Pauvre Arthur ! Quelle histoire !
Julie	Papa, papa, je t'embrasse !
M. Lacroix	Ah, tu vois, tout s'arrange ! Tiens, regarde qui arrive !

Les Noblet entrent alors. Nathalie court vers ses parents et les embrasse.
Voilà aussi les Rigot ! Quelle surprise ! Julien est là aussi, avec son plâtre et ses béquilles !
Arthur vole vite sur l'épaule de Julien.

Arthur	Julien ! … Julien !
Julien	Eh oui, Arthur. Le docteur vient de dire que je peux passer la nuit à la maison … avec mon perroquet !
M. Rigot	Bravo ! Merci pour tout, monsieur l'inspecteur ! Et merci aussi, les enfants ! Allons fêter ça !

Tout le monde quitte le commissariat.
Le voleur de perroquets est en prison, mais notre ami Arthur va encore rêver longtemps de son vol dans le ciel de Paris.

―――

2 **embrasser qn** jdn küssen – 3 **s'arranger** *hier:* in Ordnung gehen – 18 **la prison** Gefängnis – 19 **longtemps** lange – 19 **un vol** Flug.

Questions de compréhension

Scène 1

1. Que font les deux copines Julie et Nathalie, le mercredi après-midi ?
2. Est-ce que les élèves ont classe ce jour-là ?
   Parle de l'emploi du temps d'un élève en France.

Scène 2

1. Où vont alors les filles Julie et Nathalie ?
2. Que font les garçons ?
3. Fais-tu aussi du patin à roulettes ?
   Quel sport fais-tu encore ? Donne des exemples.
4. Qui est la copine de Julien ?
5. Julien tombe. Pourquoi est-ce qu'il ne peut pas se relever ?
6. Que fait Yasmina dans la cabine téléphonique ?

Scène 3

1. Qui téléphone à Mme Rigot ? Pourquoi ?
2. Où sont les clés de Mme Rigot ? Raconte.

Scène 4

1. Où est Julien ?
2. Que fait l'infirmière ?
3. Est-ce que Julien peut rentrer aujourd'hui à la maison ?
4. Cherche dans les scènes 2, 3 et 4 les expressions et les mots concernant le thème (die zum Thema gehören): « être malade ». Fais-en une liste.

Scène 5

1. Quelle phrase répète toujours Arthur ?
2. Qui sonne chez les Rigot ?
3. Où est-ce que Nathalie pose son sac ?
4. Pourquoi est-ce que c'est un détail important (wichtiges Detail) pour la scène 6 ?

Scène 6

1. Qu'est-ce que Nathalie achète dans l'épicerie ?
2. Pourquoi est-ce qu'elle crie ?
3. Arthur est très content. Pourquoi ?

Scène 7

1. Quels grands bâtiments est-ce que Nathalie et Arthur voient ?
2. Prends ton livre *Découvertes* et regarde le plan de Paris. Cherche les rues où passe le bus.

Scène 8

1. Toujours avec ton plan, regarde dans quelle direction Arthur vole.
2. L'Hôtel-Dieu est dans l'île de la Cité. Pourquoi est-ce qu'Arthur va jusqu'au jardin des Plantes ?

Scène 9

1. Il est déjà tard. Que fait Arthur ?
2. Qui arrive alors ?
3. Pourquoi est-ce que c'est la panique ?

Scène 10

1. Comment est-ce que M. et Mme Rigot organisent les recherches ? Explique.
2. Où travaille M. Lacroix, le père de Julie ?

Scène 11

1. Que fait Nathalie au jardin des Tuileries ?
2. Où est-ce que Nathalie attend ses copains ?

Scène 12

1. Qui est dans le premier groupe pour les recherches ? Où est-ce que les jeunes retournent ?

2. Qui est dans le deuxième groupe ? Où vont les deux amis ?
3. Pourquoi est-ce qu'ils escaladent les grilles ?
4. Tout est calme, mais qu'est-ce qu'ils voient tout à coup dans le noir ?
5. Est-ce que c'est le voleur de perroquets? Qui est-ce ? Cherche la réponse dans la scène 13 !

Scène 13

1. Qui est maintenant devant le jardin des Plantes ?
2. La police vient de prendre deux complices. Qui est-ce ?
3. Pourquoi est-ce qu'ils sont encore dans le jardin des Plantes à cette heure-là ?

Scène 14

1. Quelle surprise a M. Lacroix, l'inspecteur, pour les enfants ?
2. Pourquoi est-ce que ce perroquet est bien Arthur ?
3. Raconte la fin de l'histoire !